UMI
KOMM MIT

Die Umi-Fibel

Erarbeitet von

Martina Schramm

Ruth Thiele

Ursula Ricke

Beratung

Ellen Riederer-Hecht

Silke Thiel

Sylvia Zimmermann-Budniak

Illustration

Dorothea Tust

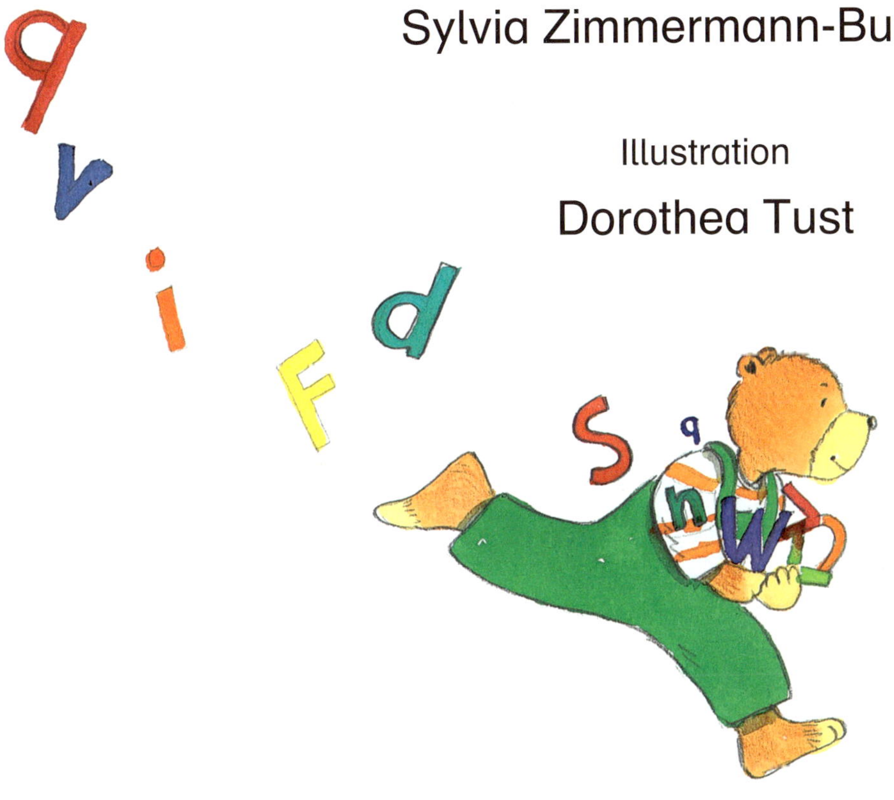

Cornelsen

Umi
Umi
Der Riese Anton
M I M I

Zum Vorlesen

„Endlich darf ich auch in die Schule!“, denkt Umi. Er freut sich schon auf den nächsten Tag. Dann wollen Uli und Lena ihn abholen und ihm ihre Schulklasse zeigen. Umi ist schon mächtig gespannt und sehr aufgeregt. Dass ein Bär mit Kindern in die Schule gehen darf, ist ja doch ungewöhnlich. Was werden die anderen Kinder sagen? Ob sie sich freuen, dass Umi jetzt mit ihnen lernen will?

Umi überlegt, was er in der Schule alles brauchen wird. Die Schultasche ist das Wichtigste. Da kommen Bücher und Stifte hinein. Was wird er noch brauchen? Einen Wecker, damit er weiß, wann die Schule zu Ende ist? Umi legt seinen bunten Wecker in die Schultasche. Er packt noch mehr Sachen ein: seine Zahnbürste, die Sonnenbrille, das Spielgeld vom Kaufladen, die Badehose mit den gelben Punkten, die aufblasbare Ente, ein Mensch-ärgere-dich-nicht-Spiel und drei Lollis, die er für besondere Tage aufgehoben hat. So! Umi ist zufrieden. Jetzt fehlt nur noch … Natürlich, seine Mimi muss auch mit. Mit Mimi kann man so schön kuscheln und sie soll auch sehen, wie es ist der Schule zugeht.
Ob Umi heute Nacht wohl schlafen kann?

Umi

P
POLIZEI
STOP
zu vermieten
SUPERMARKT
NEU
H
Umleitung
P
A
STOP
H
SCHULE
Umleitung
Umi

Umi
Schule

M m

Hallo, Mimi !

Hallo, Umi !

Mimi, komm mit !

Wohin denn, Umi ?

. . .

Mimi
Umi

I i

ist

Umi **ist**  .

Umi **ist** im  .

Mimi **ist** im  .

Umi **ist** im  .

Umi **ist** im  .

Mimi **ist** …

Umi

Gras

Mimi ist im Tipi .

Isa

Kim

Boot

Bett

Isa
Umi

Mama ist am  .

Mama ist im  .

Mama ist am  .

Am  ist Mia.

Mama ist am  .

Papa ist im .

Papa ist k.o.

Papa ist am .

Papa ist am .

Papa ist im .

Mama mag M e l o n e n ,

A n a n a s und mich,

und besonders B o h n e n ,

denn so reimt es sich!

Alina
Mama

T t

Tim ist mit Umi am  .

Mama ist am  .

Was soll Tim
am tun ?

– die Hand heben
– warten
– gehen , wenn alle Autos halten

Mia ist am  .

Im  ist Uta .

Tim
Uta

Umi

Umi ist

Umi ist im

Umi ist im  .

Mama

Mama ist

Mama ist am

Mama ist am 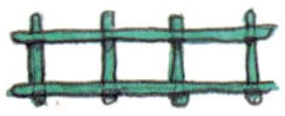 .

Ist Uta im  ?

Ist Tim am 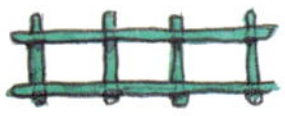 ?

Mimi ist …

 mit 4  !

Susi

Susi ist am 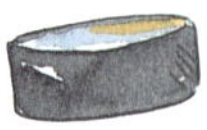 .

Susi mit 

Susi ist am  .

Susi in der Sonne
Susi in der Tonne
Susi hier
Susi dort
Susi fort

Susi
Fotos

O o

Oma ist am  .

Timo mit 

Tim mit 

Umi mit 

Los, Molo!
Gib das her!
Das ist Timos Karte.
Komm, Molo!

Oma
Timo

Umi – mal so, mal so

Ali malt Umi mit  .

Uli malt Umi im  .

Lisa malt Umi mit  .

Timo malt Umi als  .

Lisa als Umi

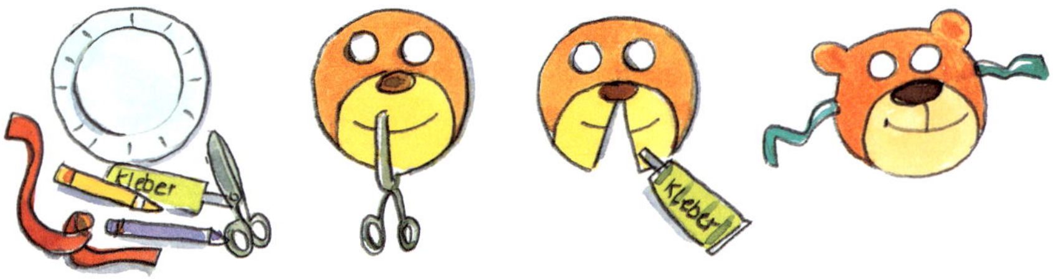

Umi malt Bilder
mit Susi.
Alles ist gelb und rot.
Toll, Umi!
Tolle Farben!

Lisa
malt

N n

Im 

Lisa ist mit Nils im  .

Umi soll mit .

Simon soll mit .

Umi nimmt Mimi mit .

N

Das Nashorn hat das N erkannt
und fast vor Freude umgerannt.

Alle sind im Zoo.
Lisa und Simon,
Nils und Papa,
Umi und Mimi.
Alle finden Affen toll.
Finden alle Lamas toll?

Nils
nun

E e

Alle lesen

Uli soll
mit Lena lesen.

Ali ist mit Nele
am  .

Lisa ist mit Umi
im Sessel.

Tim ist mit Timo
am See.

Nils soll mit  lesen.

So ist es toll!

Papa: Nils, komm essen!
Nils: … essen?
Papa: Komm bitte her!
Nils: Lesen ist so toll, Papa!
Papa: Nun essen wir Nudeln,
dann lesen wir!

Esel
lesen

An Lena

um 6
Momo im
Mittwoch
15
Malschule
An Lena

An Lena
Um 3
am See.
Nimm Limo mit!
Nimm Essen +
alle alten
mit!
Tina

… lesen am See ist toll !
An Lena
Um 3
am See.
Nimm Limo mit !
Nimm Essen +
alle alten
Tier-freund
Tier-freund
mit !
Tina
… essen am See ist toll !
Tina, deine Mama muss wissen, wo wir sind !
Umi

Am See

Am See essen alle
 mit Salami.
Alle essen Tomaten.
Umi soll
Tinas Salat testen.

In Lenas  ist :

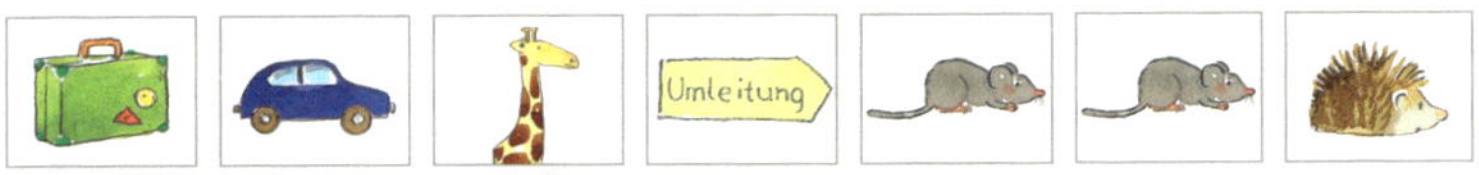 ,

 ,

 .

Tiere im Ei

Ist ein  im Ei ?

Ist eine  im Ei ?

Nein, nein !
Im Ei ist ein  .

Ist ein  im Ei ?

Ist eine  im Ei ?

Nein, nein !
Im Ei ist eine  .

Ist eine Ente im Ei ?

Ist ein  im Ei ?

Ist eine  im Ei ?

Nein, nein !
Im Ei
ist eine  .

Was ist im Ei ?
Ein Dino ?
Kann das denn sein ?
Das musst du lesen.
Das ist toll.

Ei
nein

Simon weint

Wo ist seine Mama?
Simon will etwas essen.
Simon will wissen,
was los ist.

Wut

Uta malt mit Ina.
Uta malt einen Wal.
Malt Ina Wolle?
Nun will Ina Utas Wal.

Uta: Ina, lass es!
Ina: Nein, meins!
Uta: Nein, lass los!
Ina: Nein, nein!

Nun weint Ina.
Was soll Uta tun?

Uta hat Wut.
Immer will Ina
alles haben.
Ina soll allein malen!
Ina ist zu klein!
Was meinst du?

Wal
weinen

Reime

„Wer reimt mit mir ?“,
will Umi wissen .
Murat reimt : „See – Tee .“
Uta reimt : „Wurm – Turm .“
Nils reimt so :

„Es war einmal ein Wurm
in einem alten Turm .
Am Turm war eine Leiter ,
wer reimt nun weiter ?“

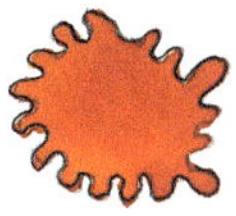

Sonne
onne

Not
ot

Reiter
eiter

See
ee

Wurm
urm

Reise
eise

Wo ist das Wort ?
Wo ist der **Reim** ?
Was reimt sich dort ?
Hier ist es **Leim** .

Reime kann man finden ,
dann reimt sich ein Gedicht .
Wenn man sie nicht findet ,
reimt es sich halt nicht .

Reim
rot

Rate mal !

Was ist es ?

Wenn es rot ist,
musst du warten.

eine Ampel

Was ist es ?

Im Sommer
wollen es alle essen.
Im Winter
isst man es selten.

Eis

Was ist es ?

Es rollt.
Es rollt leise.
Ist es ein Roller ?
Nein.
Einer ist im Sattel.
Er muss treten.
Was ist es ?

ein Fahrrad

Was ist es ? Im Sommer summt es immer so ssssssssssssssssssssssssssssssssssssssssssssssssssssssssss

eine Fliege

Wer ist es?

Er war ein Ritter.
Er teilte seinen warmen Mantel.
So rettete er einen armen Mann.
Alle wissen
den Namen des Ritters:

Male ein Wort!

Eimer

Tonne

Leiter

Tor

?

Dosen und Ideen

Andi sammelt Dosen.

 Sollen deine Dosen in eine Tonne?

 Nein, Umi!

 Was willst du denn damit?

 Warte mal, Umi!

Andi malt seine Dosen an.

Dann nimmt er ein Seil.

So, Umi!

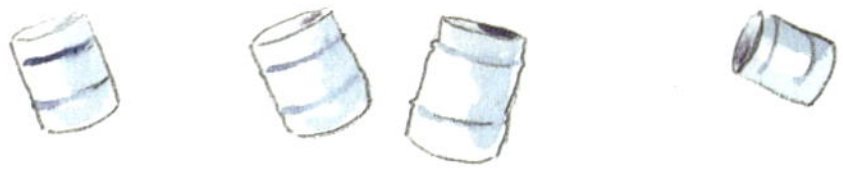

Das sind Lenas Dosen.

Das sind Lisas
und Tims Dosen.
Was ist mit Umis Dose los?

Das war Mamas Idee!

Du brauchst:

- eine leere Dose,
- Hammer und Nagel,
- ein Teelicht.

⚠ Lass dir helfen!

Dose
Andi

Umi liest: Riese Anton

Einmal war etwas
wie Donner im Wald.
Was war das nur?
Riese Anton nieste
und nieste.
Immer wieder!
Was war los
mit Anton?

Der arme Riese Anton
war krank.
Er hatte Fieber und
musste immer wieder niesen.
Da kam der Riese Rudi
mit Saft. Riesen-Fieber-Saft.
Bitter, aber gut!

Riese
niest

Die Seiten mit der Maus

Diese Maus
ist eine tolle Maus.
Sie ist im .

Was tut die Maus dort?

Sie turnt und liest.
Sie malt ein Auto.
Sie saust mit der Ente
um die Wette.
Und rennt und rennt und rennt und rennt und rennt und rennt und rennt und rennt und rennt und

Das ist die Maus
im Internet.

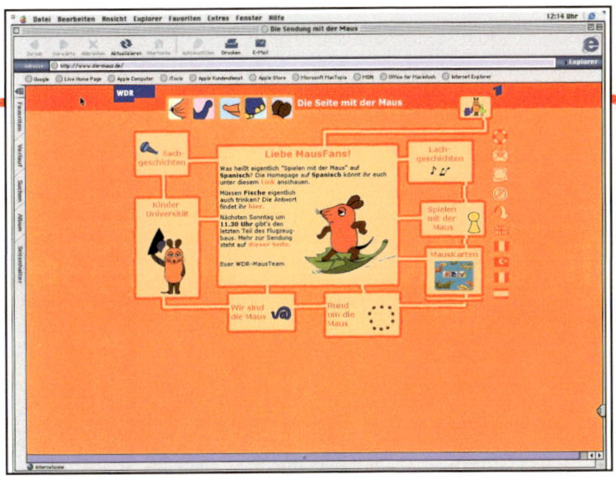

www.die-maus.de

Da sind Lieder
mit der Maus!

Toll! Und malen
mit der Maus!

Sollen wir
mal raus?

Ente, Maus und Elefant
sind bekannt im ganzen Land.
Hallo, Kinder! Hier kommt die Maus.
Mach mal an
und mach wieder aus!

Aus die Maus.

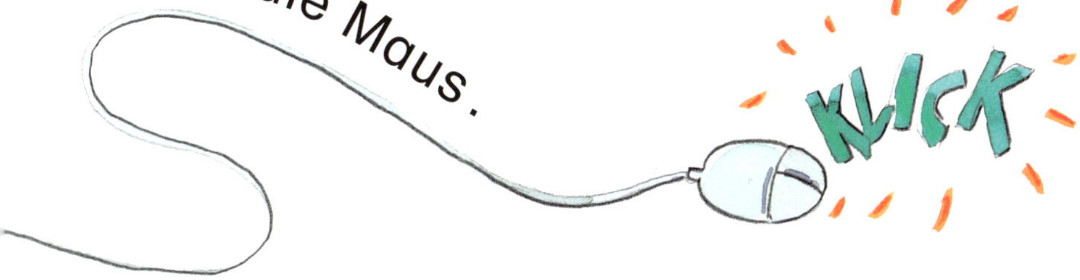

Auto
Maus

H h

Ein Hund aus dem Tierheim

Mama und Andi
sind im Tierheim.

„Da sind die Hunde, Mama!
Der da ist so allein.
Er soll mein Hund werden!“

Mama und Andi
nehmen den Hund mit.
Sein Name ist Dasti.
Dasti hat nun ein Heim.

Hallo, Oma!
Das ist Dasti.
Er ist aus dem Tierheim.
Willst du ihn
mal sehen?
Dein
Andi

Lieber Andi,
Dasti ist toll!
Wie alt ist er denn?
Wo schläft er?
Warum war Dasti im Heim?
Schreib mal wieder!
Deine Oma

Hund
hat

Wo ist Susi ?

Susi ist fort !

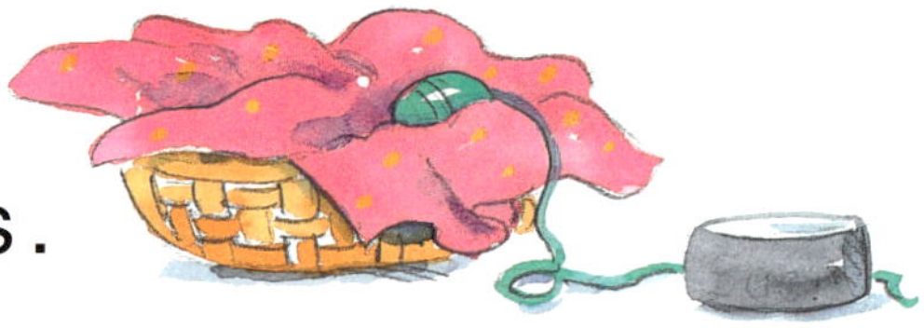

Isa ruft im Haus .
Isa ruft im Hof .
Wo ist Susi ?
Was soll Isa tun ?

Da hat sie eine Idee .
Und Mama hilft ihr .

Isa heftet  an einen 

und an eine  ,

an 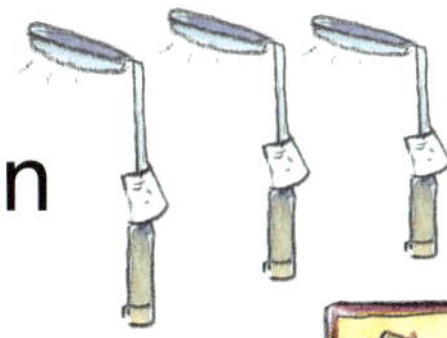 und

an eine  im Laden .

Fatima findet Susi .
So ein feines Fell !
Und dann sieht Fatima
Susis Foto .
Was nun ?

So eine liebe Katze !
Fatima mag Katzen .
Sie hat ein großes Zimmer .
Dort soll Susi wohnen .
Soll Fatima Susi mitnehmen ?

Ich-Seiten

Mein Name ist Michael,
doch alle nennen mich *Micha*.

So sehe ich aus.

Ich lache oft,
nicht nur auf dem Foto.
Was ich sonst noch
oft mache?

Ich fahre oft Fahrrad mit Tim.
Ich laufe mit meinem Hund Lenni
durch unser Dorf.
Oft lese ich oder ich male etwas.

Wer will mit mir mal
ein Fahrrad-Turnier machen?
Melde dich!

Mein Name ist Isa .
So sehe ich aus .
Hier ist auch ein Foto mit Tommi ,
unserem Wellensittich .

Ich finde Rechnen toll .

Manchmal
mache ich Fotos .
Was ist das ?
Ratet mal !

Achtung !
Umi wünscht sich Post !
Er liest so gern Briefe.
Wer hat Lust ,
Umi zu schreiben ?
Briefe bitte in den
Klassenbriefkasten werfen .

China
lachen

Was ich oft will – Was ich oft nicht will

Ich will oft nicht
im Haus helfen.

Ich will oft fernsehen.
Das darf ich nicht immer.
Wenn ich den Fernseher
doch anmache,
ist meine Mama sauer.

Ich will nicht allein sein.

Ich will oft Nudeln essen
oder Milchreis oder Eis.
Salat und Tomaten
esse ich nie.

Was willst du werden ?

Timo will Rennfahrer werden .
Das sind seine Ideen .

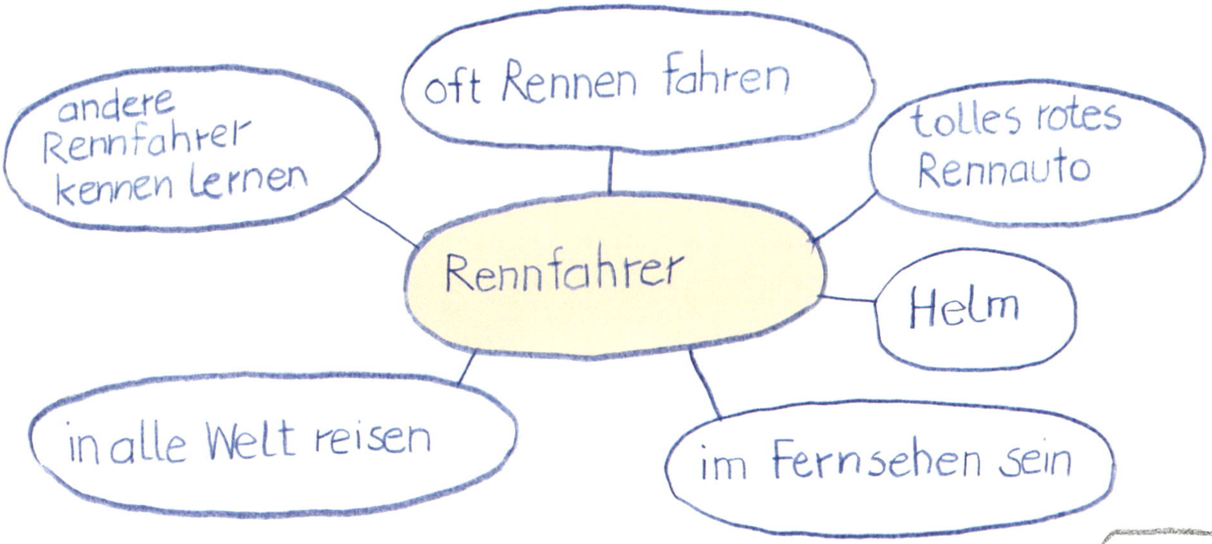

Das will ich werden

Ich will Rennfahrer werden .
Ein rotes Rennauto finde ich toll .
Ich will oft Rennen fahren und
auch andere Fahrer kennen lernen .
Es ist toll , in alle Welt zu reisen
und im Fernsehen zu sein .

Timo

Wie isst man anderswo ?

Kim ist in der ersten Klasse.
Ihre Eltern kommen aus China.
Dort kocht man anders als hier.
Kims Familie isst oft Reis
und Kim kann mit  essen.
Das Essen mit 
lernen Kinder in China,
wenn sie noch sehr klein sind.

Kannst du das auch ?
Es ist nicht so leicht.

Kim will einen Salat machen
und in ihre Klasse mitnehmen.

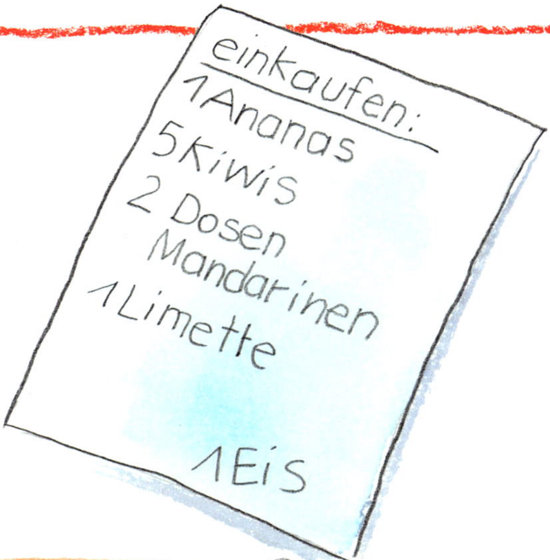

Das kauft sie ein:

So macht Kim den Salat:

Wer mag,
kann auch noch etwas
Sahne steif schlagen.
So wird der Salat
besonders lecker!

Besuch im Krankenhaus

Nils ist im Krankenhaus.
Sein Bein tut manchmal noch weh.
Aber bald darf er nach Hause.

Was macht Nils im Krankenhaus?
Er bastelt und malt Bilder.
Er liest ein Buch nach dem anderen.

Am Mittwoch kommen Tina, Murat und Umi.
„Toll, dass ihr kommt!“, ruft Nils.
Tina hat einen Brief und
ein Buch bei sich.

FÜR NILS
von deiner Klasse 1a

lesen • lachen • raten

WITZE

Teo und Trine fahren Rad.
Nach einigen Minuten hält Teo an
und lässt die Luft aus beiden Reifen.
„Was soll denn das?“, fragt Trine.
Da meint Teo:
„Was für eine Frage! Mir war der
Sattel zu hoch!“

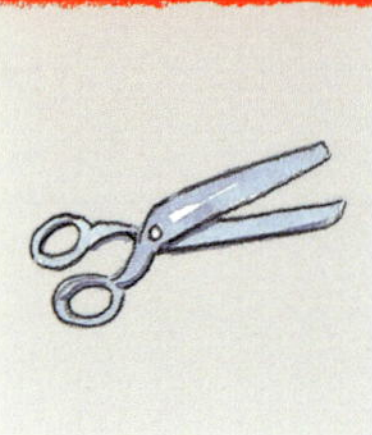

Kennst du schon das Ekadil ?

Isa und Umi erfinden Tiere .
Erst malen die beiden ein Krokodil ,
einen Elefanten und
einen Kakadu .

Dann nimmt Umi seine Schere .
Er schneidet die Tiere
in drei Teile .

Nun macht Umi
ein kleines Heft daraus .
Und schon hat er
seltsame Tiere erfunden .

Umi meint:
„Wir malen noch ein Schwein
und ein Schaf. Oder ein Reh."

„Nein, Umi!
Wir brauchen Tiernamen
mit drei Silben!"

Diese Tiere kannst du
auch gut mischen:

- Murmeltier,
- Regenwurm,
- Pinguin,
- Pelikan,
- Giraffe,
- Papagei.

Viel Spaß beim Basteln
und Lesen!

Schere
schneiden

G g

Gefunden

Die Schule ist aus.

Lena und Simon gehen nach Hause.

Am liebsten würden Lena und Simon das Geld behalten.
Beide Kinder haben viele Wünsche.
Die könnten sie sich nun erfüllen.
Aber ein gutes Gefühl haben Lena und Simon dabei nicht.
Was würdest du tun?

P p

Umi probiert etwas aus

Umi und die Kinder
sind auf der Treppe im Garten.
Sie haben Langeweile.

„Sollen wir in den Park fahren?“,
fragt Uli die anderen.
„Keine Lust!“, antworten
Isa und Simon.
Da hat Umi eine Idee.
„Wir probieren etwas aus!“,
sagt er. „Ich hole einige Sachen.
Ihr sollt mir sagen,
ob sie schwimmen oder nicht.“

Diese Dinge holt Umi :

einen Pinsel  , einen Nagel  , einen Korken  ,

einen Radiergummi  , eine Kartoffel  ,

einen Tennisball  , ein Lineal  , eine Tomate  .

Was schwimmt ?

Was schwimmt nicht ?

Was glaubst du ?

Schreibt eine Liste und kreuzt an .

	schwimmt	schwimmt nicht
Pinsel		
Nagel		
...		

Dann probiert ihr es aus .

Alles richtig ? Prima !

Sonst bitte berichtigen !

Pinsel
probieren

Papagei und Plauderei

„Ich
Ich kann
Ich kann doch
Ich kann doch nicht
Ich kann doch nicht immer
Ich kann doch nicht immer alles
Ich kann doch nicht immer alles wiederholen ! “,
sagt der Papagei .

„Ich
Ich bin
Ich bin doch
Ich bin doch ein
Ich bin doch ein Superpapagei ! “

Das ist
Super
Superpapa
Superpapagei
Superpapageigeplapper .

So ein Unsinn !

Es war einmal ein Papagei ,
der legte oft ein buntes Ei .

Es war einmal ein Schaf ,
das redete im Schlaf .

Es war einmal ein Huhn ,
das wollte nie was tun .

Es war einmal ein Schwein
mit einem blauen Bein .

Es war einmal …

Fliege

?

Wurm

Hase

Maus

Haus

Hahn

?

Nase

Bahn

Wie war es früher?

Lenas Oma berichtet,
wie es früher auf dem Land war.

„Schon um fünf Uhr am Morgen
ging die Arbeit los.
Wir mussten die Kühe melken.
Wir mussten die Tiere füttern.
Wir mussten Wasser
aus dem Brunnen holen und
in der Küche das Essen machen.
Dann haben wir alle
auf dem Feld gearbeitet."

Das war mühsam!
Heute ist es leichter.
Für viele Arbeiten gibt es
Maschinen.
Hast du schon einmal
einen Mähdrescher gesehen,
der das Getreide erntet?

fünf
Kühe

Glück gehabt !

Uli wird wach .
Er bekommt einen Schreck .
Es ist bald acht Uhr !
Warum hat ihn der Wecker
nicht geweckt ?

Nun muss alles schnell gehen .
Schuhe an , Tasche her !
Wo ist nur die Brille geblieben ?
Egal ! Schnell in die Schule !

Nele sieht ,
wie Uli losrennt .
„ Halt , Uli ,
ein Auto ! “ ,
ruft Nele laut .

Uli bleibt stehen .
„ Du kannst doch nicht einfach
losrennen ohne zu gucken ! “ ,
sagt Nele wütend zu Uli .
Auch Uli hat sich erschreckt .
„ Ich hole lieber noch meine Brille “ ,
sagt er .

Wecker
Glück

V v

Eva hat Geburtstag

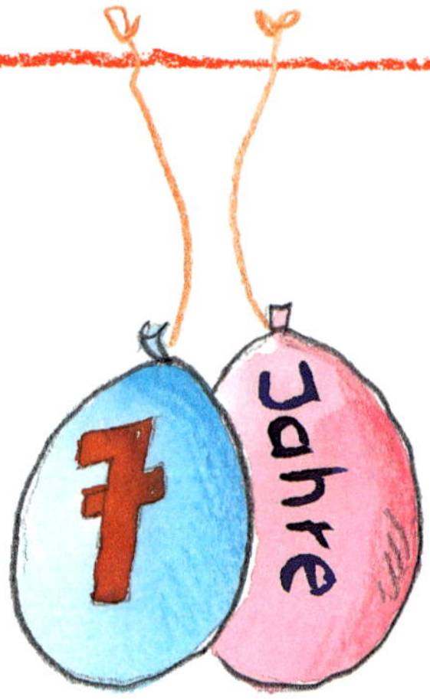

Es sind viele Kinder gekommen.
Alle haben sich verkleidet.
Timo kommt als Supermann,
Tim ist ein Ritter,
Isa sieht wie eine feine Dame aus.
Nele ist ein Dalmatiner.

Da klingelt es schon wieder.
Vater ist an der Tür und ruft:
„Hilfe, ein Vampir!“

Wir sind so froh, Geburtstagskind,
dass wir mit dir zusammen sind.
Heute sind wir fröhlich, heute feiern wir.
Alle deine Freunde gratulieren dir.
Herzlichen Glückwunsch zum Geburtstag!

Vater
Eva

Timo kann nicht einschlafen

„Kannst du
auch nicht einschlafen,
kleiner Bär?“, fragt Timo.
Er nimmt ihn fest in den Arm
und schmust mit ihm.
Der Bär schläft ein, Timo nicht.

Das Äffchen, der Esel,
das Häschen, die Ente,
das Schäfchen und die Puppe
sollen auch in mein Bett,
denkt Timo.
Bald schläft er ein.

DRINNEN

Droht draußen das Dunkel,
bin ich drinnen geborgen.
Unter Decken im Bett
will ich schlafen bis morgen.

Wie der Bär in der Höhle,
wie der Vogel im Nest,
hab ich's warm und gemütlich
und schlafe fest.

Ute Andresen

Äffchen
Bär

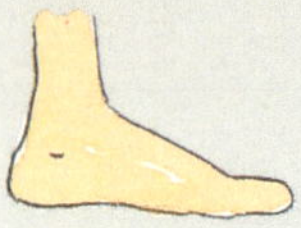

Wie heißt dieses Märchen ?

„Großmutter,
was hast du für große Ohren ?“
„Damit ich dich besser ... kann.“

„Großmutter,
was hast du für große Augen ?“
„Damit ich dich besser ... kann.“

„Großmutter,
was hast du für große Hände ?“
„Damit ich dich besser ... kann.“

„Großmutter,
was hast du für einen großen Mund ?“
„Damit ich dich besser ... kann.“

Wer kennt das Märchen und kann es erzählen ?

- Warum besuchte das Mädchen seine Großmutter ?
- Wen traf es unterwegs im Wald ?
- Was war mit der Großmutter geschehen ?
- Wer rettete das Mädchen ?

Lies auch in einem Märchenbuch nach !

heißen
groß

Die Sterntaler

Es war einmal ein armes Mädchen.
Vater und Mutter waren gestorben.
Es hatte nur noch die Kleider auf dem Leib
und ein Stück Brot in der Hand.

Da ging das Mädchen in die Welt hinaus.
Es lief über Stock und Stein.
Einem armen Mann schenkte es sein Brot.
Es gab auch sein Kleid
und sein Hemdchen her.
Und wie es so stand und nichts mehr hatte,
fielen die Sterne wie Taler vom Himmel.
Da war das Mädchen reich sein Leben lang.

Märchen sind oft viele hundert Jahre alt.
Menschen haben sie erfunden und
immer wieder weitererzählt.
Die Brüder Grimm haben später
Märchen gesammelt und aufgeschrieben.

Sterne
stehen

Keine Angst, Lisa!

Umi und Lisa
sind bei Frau Doktor Sander.
Lisa stöhnt
und hält sich die Backe.
Sie möchte lieber nach Hause!

Dr. med. dent. A. Sander
Zahnärztin

telefonische Terminabsprache

Mo, Di, Do, Fr 8–12 Uhr
14–18 Uhr
Mi 8–12 Uhr

„Ich kann dir etwas vorlesen“,
sagt Umi.
„Hier liegt ein schönes Buch.
Es heißt Der Löwe und die Maus.
Hör mal, wie ich lese!“

Umi liest mal **laut**,
mal liest er leise.
Mal **brüllt** er wie ein Löwe,
mal piept er wie eine Maus
in den höchsten Tönen.
Lisa muss lachen.

Öl
Löwe

Die Zahnärztin

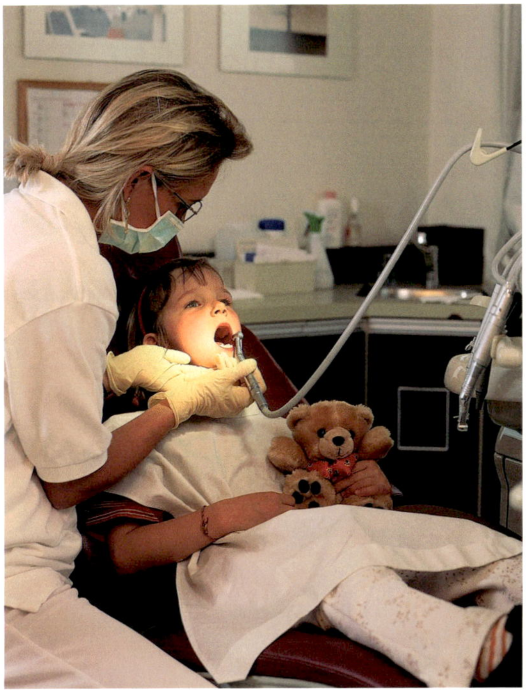

Lisa wird zu Frau Doktor Sander
ins Zimmer gerufen.
Die Zahnärztin schaut sich
Lisas Zähne genau an
und sagt:
„In deinem Backenzahn
ist ein Loch.
Ich muss bohren,
aber ich bin ganz vorsichtig."

Der Bohrer ist ziemlich laut.
Es tut aber zum Glück
nicht so weh.

Tipps für gesunde Zähne

… nach dem Essen Zähne putzen

… nicht zu viele Süßigkeiten essen

… Körnerbrot, frisches Obst und
knackiges Gemüse essen

Zähne
zeigen

Tanz der Gespenster

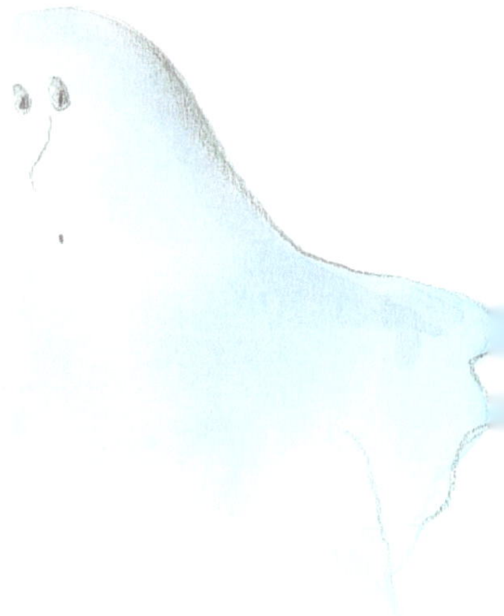

Spukende Gespenster
tanzen vor dem Fenster,
springen auf die Betten,
rasseln mit den Ketten.

Alle guten Geister
spuken wie die Meister,
laufen mit Hu-Hu-Gewimmer
rechts und links durchs Kinderzimmer.

Spuken ist ein tolles Spiel.
Die Gespenster lachen viel.

Spiel
Gespenst

Das Ypsilon

Das Ypsilon, das Ypsilon,
das ist so lange traurig schon.
Es flüstert leise vor sich hin:
„Wie kommt's,
dass ich so einsam bin?
In welches Wort darf ich hinein?
Ich will nicht länger einsam sein!“

Baby, Pony, Teddybär,
diese Wörter sind nicht schwer.
Das ABC von A bis Zett
ist nur mit Ypsilon komplett.

Ypsilon
Pyramide

Von Computer zu Computer

Eine E-Mail (*sprich i-mäil*)
ist ein elektronischer Brief.
Man verschickt ihn
von Computer zu Computer.

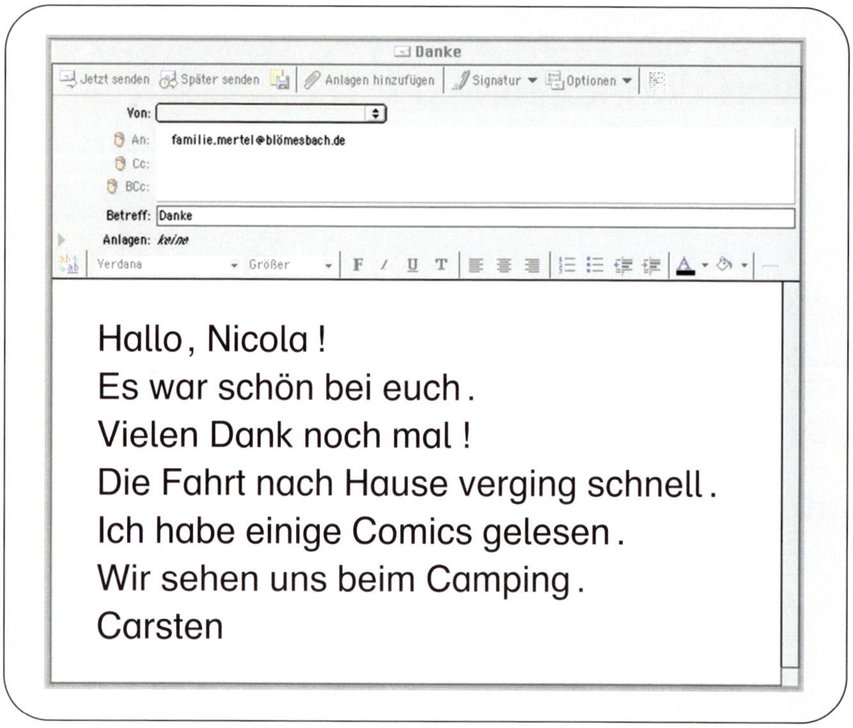

Hallo, Nicola!
Es war schön bei euch.
Vielen Dank noch mal!
Die Fahrt nach Hause verging schnell.
Ich habe einige Comics gelesen.
Wir sehen uns beim Camping.
Carsten

Computer
Nicola

Mails und Mäuse

Nicola schreibt Carsten,
was sie von ihrem Vater bekommen hat.

Mäuse

Jetzt senden | Später senden | Anlagen hinzufügen | Signatur | Optionen

Von:
An: familie.collo@sundhorn.de
Cc:
BCc:
Betreff: Mäuse
Anlagen: keine

Standardschriftart | Textgrad | F | I | U | T

Hallo, Carsten!
Weißt du schon, dass ich zwei Mäuse
bekommen habe? Es sind Rennmäuse.
Ich dachte, ich träume, als Papa mit
dem Käfig durch die Tür kam.
Eine Maus ist gestern weggelaufen.
Mama hat sie aber unter unseren Bäumen
wieder eingefangen. Bis bald!
Nicola

Mäuse
träumen

J j

Jeden Tag ist große Pause

Was kann man in der Pause machen?
Umi und die Kinder haben Ideen gesammelt.
Jeder hat seinen Vorschlag
auf einen Zettel geschrieben.

Jo-Jo-Wettbewerb

Jeder probiert,
wie lange er das Jo-Jo
bewegen kann.
Die Zeit soll mit der Uhr
gestoppt werden.

Lena

Ich würde gern
*ein **Fußball-Turnier***
machen.
Jungen und Mädchen
zusammen.

Fatima

Bärenjagd

Ein Kind ist ein Bär,
die anderen sind die Jäger.
Der Bär hat einen etwa
drei Meter langen Faden um
den Bauch.
Am Ende wird ein Stück Papier
festgeknotet. Die Jäger müssen
es schaffen, auf das Papier zu treten.
Dann haben sie die Jagd gewonnen.

Umi

Jäger
jeder

Unsere Sonnenblumen

Füllt einen Blumentopf mit Erde.
Pflanzt einige
Sonnenblumenkerne ein.

Gießt die Samen gut.
Dann kommen bald
kleine grüne Keime aus der Erde.

Aus winzigen Samen
können große Pflanzen werden.
Pflegt die Pflanzen gut,
dann blühen sie sicher.

Sonnenblumenkerne
sind lecker im Brötchen
oder im Müsli.
Bereitet doch einmal
ein gemeinsames
Frühstück vor!

Pflanze
pflanzt

Ein Tier mit vier Tatzen

Wer nascht und kann kratzen,
hat vier schwarze Tatzen?
Wer schleicht ganz leise um das Haus
und wartet auf die kleine Maus?

Nein, nicht die Katze,
unser Kater!

Sag mal ganz schnell hintereinander:

Die Katze tritt die Treppe krumm,
die Katze tritt die Treppe krumm,
die Katze …

Katze
kratzen

Die kleine Eule sucht einen Freund

Alle Tiere hatten einen Freund,
nur die kleine Eule nicht.
„Willst du mein Freund sein?“,
fragte sie den bunten Hahn,
die kleine Ziege,
das wollige Lämmchen
und den grauen Esel.
Doch niemand wollte mit einer
kleinen Eule befreundet sein.

Da wurde die kleine Eule sehr traurig.
Sie versteckte sich im Heu
und heulte, weil sie
so einsam war.
Das hörte …

Eule
Freunde

Hexe Trixi Wackelzahn

Der Rabe Xaver
hat der kleinen Hexe
das dicke Zauberbuch gebracht .

Nun will sie hexen :
„Hix , hex ,
hix , hex ,
es soll lauter Bonbons
schneien ! “

Aber verflixt !
Was ist das ?
Vom Himmel fallen
bunte Blumen !

Der Rabe macht nur
krax , krax
und denkt :
Üben , üben , kleine Hexe !

Xaver
Hexe

Quark macht stark !

„Lena !“, ruft Papa aus der Küche,
„du wolltest mir doch helfen !“

„Ich ? Quatsch !“

„Du wolltest doch Quark anrühren !“

„Quark anrühren ?
Na gut, das mache ich.
Wie geht das ?“

„Hier ist das Rezept.“

Quark mit Banane

- *1 reife Banane*
- *500 Gramm Quark*
- *1 Tasse Milch*
- *2 Esslöffel Zucker*
- *Sonnenblumenkerne oder Schokoraspel*

- Quark, Milch und Zucker in einer Schüssel verquirlen.
- Die reife Banane auf einem Teller mit der Gabel zerdrücken.
- Das Bananenmus in die Schüssel geben und umrühren.
- Sonnenblumenkerne oder Schokoraspel darüber geben.

Guten Appetit !

Quark
quirlen

Das Reise-ABC

Was nehme ich mit auf die Reise?
Ich packe meine  ein.

Was nehme ich mit auf die Reise?
Ich packe meine 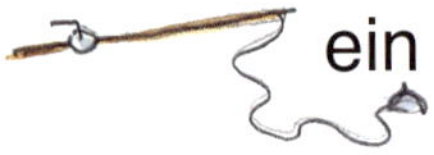 ein
und meine  .

Was nehme ich mit auf die Reise?
Ich packe meine  ein
und meine 
und meine  .

Was nehme ich mit auf die Reise?
Ich packe meine 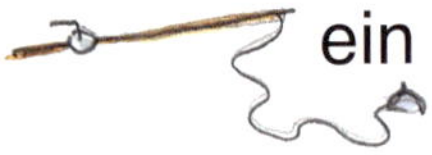 ein
und meine 
und meine 
und meinen  .

Was nehme ich mit auf die Reise?
Ich packe meine  ein
und meine 
und meine 
und meinen 
und meine  .

Was nehme ich mit auf die Reise?
Ich packe meine 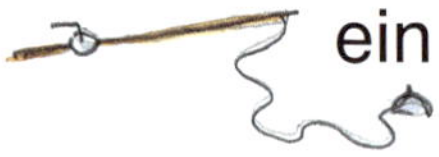 ein
und meine 
und meine 
und meinen 
und meine 
und meinen 
und ...

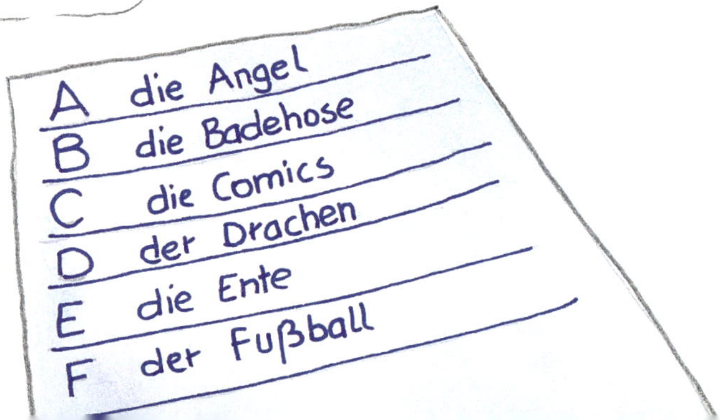

Wörterzauber – Zauberwörter

Bei jedem Wort hat Umi einen Buchstaben verzaubert.
Wie hießen die Wörter vorher?

Strohhelm

Kartenzaun

Klappfisch

Badekanne

Reifenblasen

Kussbaum

Ganz anders, doch genau wie du

Kinder aus fernen Ländern sind anders:
Sie sprechen fremde Sprachen.
Sie wohnen in anderen Häusern.
Sie tragen andere Kleidung.
Sie haben andere Bücher.
Sie haben andere Klassenzimmer.
Alles ist ganz anders als bei dir.

Kinder aus fernen Ländern sind wie du:
Sie wollen lachen und toben.
Sie wollen bei ihren Eltern sein.
Sie wollen mit Freunden spielen.
Sie wollen lernen.
Sie wollen groß werden.
Genau wie du.

木
Baum

日
Sonne

猫
Katze

China
Kinder in China lernen keine Buchstaben wie wir.
Jedes Schriftzeichen steht für ein Wort.

Indien
Klassenzimmer

Mongolei
Unterricht im Freien

Afrika
Klassenzimmer mit Tischen aus Lehm

Sigge und das Z

Es gibt nur eine Sache, die Sigge genauso sehr liebt
wie Käfer, und das sind Buchstaben.
Und dagegen hat Mama überhaupt nichts,
denn davon bekommt man keine dreckigen Hosenbeine.

Auf den Buchstaben kann Sigge unendlich lange
herumgucken. Sie sind so schön, findet er.
Ganz besonders ihre Form.
Mit seinem Zeigefinger zeichnet er ihre Linien nach,
um zu erfahren, wie der Buchstabe sich anfühlt.
Manchmal versucht er so zu pfeifen,
wie der Buchstabe aussieht.

Am liebsten mag er das Z.
Das Z ist ganz anders als die anderen Buchstaben.
Es ist ein ganz besonderer Buchstabe,
gerade weil es so selten vorkommt. Am liebsten
würde Sigge es unter Naturschutz stellen und ganz
für sich allein haben.
Seinen eigenen Buchstaben.

Inger Lindahl

Ein **F** ist allein,
lädt das **R** zu sich ein,
noch ein **E** kommt hinzu,
kurz danach auch das **U**.
Steht ein **N** vor dem Haus,
holt die vier zu sich raus.
Meint das mitgebrachte **D**:
„Kommt, wir gehen zum **E**!“

W8 auf!
Gebt 8!
M8 mit!
L8 leise!
Und:
Verkr8 euch
bitte nicht!

Lückenbüßer

Bei Jörg ist das so:

Ist der Marc bei ihm,
dann lässt er mich stehn
und ich kann nach Hause gehn.

Ist der Sven bei ihm,
dann lässt er mich stehn
und ich kann nach Hause gehn.

Ist die Silke bei ihm,
dann lässt er mich stehn
und ich kann nach Hause gehn.

Ist der Jörg aber allein,
dann sagt er: „Komm rein!“

Texte: Regina Schwarz

Anna und Joko

Anna soll eine Flasche
Mineralwasser holen.
Die Flaschen
stehen im Keller.
Im Keller riecht es komisch!
Im Keller gibt es Spinnen!
Anna will nicht
allein in den Keller!

Anna klingelt bei Joko.
Sie zeigt Joko
die leere Wasserflasche.
Anna nimmt Jokos Hand.

Aber Joko mag nicht
in den Keller.
Dort ist es so dunkel.

Joko zieht Anna
in die Wohnung.

Joko geht
zum Wasserhahn
und dreht ihn auf.

Anna hält die Flasche
unter den Hahn.
Bald ist sie voll.

Joko kichert.
Anna ist froh.
„Danke, Joko!“, sagt sie.
Anna läuft wieder hoch
in ihre Wohnung.

Sie gibt Mama
die Flasche.
Mama trinkt ein Glas.
Sie sagt:
„Es schmeckt
irgendwie anders!“

Sabine Jörg

Stoffel muss raus

Mama will Felix die  bringen.

Sie hat einen riesigen dicken , weil sie bald ein  bekommt.

 sagt: „Hier ist die . Bitte geh mit  spazieren."

„Ich will aber nicht!", sagt . Ich will lieber  fahren."

Da geht  zu Anna.

„, bitte geh mit  aus!"

Aber  sagt: „Das geht jetzt nicht. Ich male gerade unsere ."

 ärgert sich, aber sie sagt nichts.

Sie nimmt  an die  und geht mit ihm zur  hinaus.

 sitzt am  und denkt daran, wie traurig  geguckt hat.

Sarah Bosse

Immer und immer Anna-Sofie!

Hannes klingelt Sturm. Er muss Mama dringend etwas erzählen. Etwas ganz Tolles. Etwas Einmaliges. Ein Zirkus kommt!

Mama öffnet die Etagentür.
„Pssst! Anna-Sofie schläft!
Was machst du denn für einen Lärm?“
Mamas Stimme klingt so ärgerlich,
dass Hannes schnell eine Ausrede erfindet.
„Ich muss mal“, sagt er und verschwindet
ins Badezimmer. Dort schließt er die Tür ab.

Anna-Sofie! Immer und immer Anna-Sofie!
Für Mama gibt es nichts anderes mehr!
Hannes wird ihr kein Wort vom Zirkus erzählen.
Er wird mit Papa sprechen.
Mit Papa kann er reden. Aber mit Mama?
Die hat keine Zeit mehr für Hannes.
Vor vier Wochen wurde Anna-Sofie geboren.
Seitdem ist Mama nicht mehr dieselbe.

Anne Steinwart

Womit der Franz unzufrieden ist

Der Franz ist mit seiner Mama und mit
seinem Papa fast immer zufrieden.
Nur wenn es ums Fernsehen geht,
muss er sich über die beiden ärgern.
Weil sie Fernsehmuffel sind!

Bloß drei Programme
kann der Franz sehen.
Oft beschwert er sich bei der Mama:
„Alle Kinder haben Kabel.
Oder eine Satelliten-Schüssel.
Zwanzig Programme können die sehen.
Und ich bin dauernd der Blöde!“

Der Franz kommt sich wie „der Blöde“ vor,
weil die Kinder in der Schule
immer von den Filmen reden,
die sie sich im Fernsehen angeschaut haben.
Und er kann dann nie mitreden.
Und weil die Kinder sehr oft und sehr lange
davon reden, muss er sehr lange den Mund halten …

Christine Nöstlinger

Schmutzfinken

Fritz ist Mamas neuer Freund.
Er wohnt seit einigen Wochen bei
Mama und Philipp.

„Philipp!“, ruft Fritz.
„Philipp, komm mal runter!“

Hier sind auch Unsinn-Wörter hineingeraten. Welches Wort passt?

Philipp liegt auf dem **Zeh** / **Bauch** / **Knie**
und spielt mit seinen Autos.
„Philipp!“, brüllt Fritz wieder.
„Komm runter!“

„Was ist?“, fragt Philipp und tappt
die **Rutsche** / **Wand** / **Treppe** herunter.
Fritz zeigt auf den Boden.
Eine Dreckspur führt quer durchs Wohnzimmer.
„Hast du das gemacht?
Das ist vielleicht eine Schweinerei!“

Kann doch jedem mal passieren“, sagt Philipp.
„Ich habe mit Katja im **Eis** / **Schrank** / **Sand**
gespielt.“
„Saug das Zeug weg und
zieh demnächst die Schuhe aus“,
brummt Fritz und verschwindet
in der Küche.
„Meckerfritz“, knurrt Philipp
und will den Staubsauger
aus dem Keller holen.

Da hört er einen Knall und einen Schrei
aus der **Lampe** / **Küche** / **Heizung**.
Er stürzt zur Tür und reißt sie auf.
Der Boden in der Küche ist braun.
„Was ist denn hier passiert?“,
fragt Philipp. „So eine Schweinerei!“
„Ich habe den Filter voller Kaffee
fallen lassen“, sagt Fritz. „Kann doch
jedem mal passieren.“
„Na klar“, grinst Philipp.
„Ich bringe dir den
Fernseher / **Staubsauger** / **Löffel**,
wenn ich fertig bin.“

Katharina Berg

Text: Irmela Brender
Melodie: Dorothée Kreusch-Jacob

Ich bin ich und du bist du

2. Wenn du fällst, helf ich dir auf
und du fängst mich, wenn ich lauf.
Wenn du kickst, steh ich im Tor,
pfeif ich Angriff, schießt du vor.

3. Spielst du pong, dann spiel ich ping
und du trommelst, wenn ich sing.
Allein kann keiner diese Sachen,
zusammen können wir viel machen.

4. Ich mit dir und du mit mir -
das sind wir, das sind wir.
Ich mit dir und du mit mir,
das sind wir, das sind wir.

Ein Experiment mit Bohnen

Das braucht ihr:

- einige getrocknete Bohnen
- einen durchsichtigen (zerbrechlichen) Plastikbecher
- eine alte Schüssel und Gips

Das müsst ihr machen:

- Rührt Gips in einer Schüssel nach der Anweisung an.
- Gebt einige Bohnen dazu.
- Füllt die Masse in einen Plastikbecher, so dass er zur Hälfte gefüllt ist.
- Haltet den Gips etwas feucht.

Was passiert?

Nach einigen Tagen bilden sich Risse.
Später platzt der Becher.

Warum?

Die trockenen Bohnen nehmen viel Wasser auf.
Sie quellen und beginnen zu keimen.
Dabei dehnen sie sich so stark aus,
dass der Becher platzt.

Die Seife

S E I F E
S E I F
S E I
S E

Erwin Grosche

Warum Seife sauber macht

Wasser hat eine Haut. Diese Haut ist so fest, dass auf einem Teich kleine Insekten laufen können, ohne einzusinken! Seife zerstört diese Haut. Dadurch wird das Wasser noch flüssiger und beweglicher – und kann alles viel nasser machen.

Ein Experiment

Nimm ein Glas Wasser und lege ganz,
ganz vorsichtig
eine Nähnadel auf das Wasser.
Das geht am besten mit einer Pinzette.
Die Nadel schwimmt auf der Haut des Wassers!

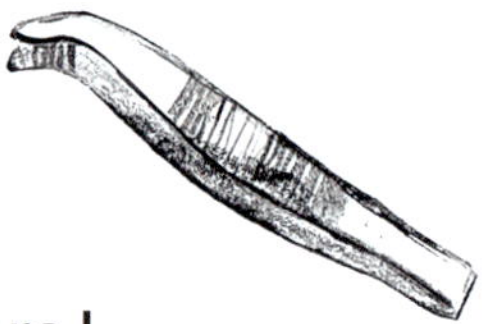

Jetzt fügst du einige Tropfen Spülmittel hinzu –
und schon reißt die Haut des Wassers ein.
Die Nadel sinkt sofort.

Das Wetter-Ungeheuer

Hole dir einen Zapfen
von einem Nadelbaum.
Drücke Augen und
eine Zunge aus Knete
an den Zapfen.
Fertig ist dein
Wetter-Ungeheuer!
Lege es draußen
auf die Fensterbank.

Beobachte:

Was passiert,
wenn es nass ist?

Was passiert,
wenn es trocken ist?

Wie heißen die Wörter richtig?

Ein klarer Fall für Laura Lupe

„Immer klauen sie mir mein Rad.
Nur weil ich kein Schloss habe.
Die finden das wohl lustig“, klagt Teresa.
„Wer klaut dein Rad?“, fragt Laura Lupe.
„Einer der Jungen von nebenan“, sagt Teresa.
„Bist du sicher?“, fragt Laura Lupe.
„Nein, nicht ganz“, antwortet Teresa.
Laura Lupe denkt nach. Dann sagt sie:
„Leihst du mir dein Rad?“ „Klar“, sagt Teresa.

Laura Lupe schiebt das Fahrrad nach Hause.
Sie holt Farbe und malt ein rotes Kreuz
auf den Sattel. Dann stellt sie das Rad
vor Teresas Haus.
Bald darauf kommt Teresa angerannt.
„Mein Fahrrad ist schon wieder weg!“, ruft sie.
„Sehr gut“, sagt Laura Lupe.
„Komm mit“, sagt sie zu Teresa.

Auf der Wiese spielen die Jungen von nebenan
Fußball. Laura Lupe und Teresa verstecken sich.
Sie schauen den Jungen zu.
Plötzlich sagt Laura Lupe:
„Jetzt weiß ich, wer dir immer dein Rad klaut.“
Wer denn?“, fragt Teresa erstaunt.
„Schau genau hin!“, sagt Laura Lupe.

Jörg Meier

Die Leute mögen Bären leiden.
Der Bär ist ein beliebtes Tier.
Ich könnte mich als Bär verkleiden.
Dann wäre ich beliebt bei dir.

Frantz Wittkamp

Bärentreu

Mein Bär heißt Bär
und irgendwie
liebt er mich sehr.

Er brummt nie
und schmollt nie
und schimpft nie mit mir.
Was ich auch tu,
er schaut ruhig zu.

Und in der Nacht
hält er mich
im Arm,
so leise,
so warm.

Bärentreu
ist mein Bär
und irgendwie
lieb ich ihn sehr.

Anne Steinwart

So viele Bären!

Braunbär

Auf der Erde leben acht Bärenarten.
Der **Braunbär** ist am weitesten verbreitet.
Er lebt in weiten, einsamen Wäldern.

Der Braunbär frisst kleine Nagetiere,
Fische und Pflanzen.
Auch Insekten mag er gern.
Wenn er einen Bienenstock findet,
lässt er sich den Honig schmecken.

Eisbär

Der Braunbär verbringt den Winter
in einer Höhle.
Dort hält er seinen Winterschlaf.
Im Winter bekommt die Bärin Junge.
Sie sind nur so groß wie kleine Kätzchen.

Schwarzbär

Bären haben mächtige Pranken
mit langen Krallen.
Die Pranken nennt man auch Tatzen.
Mit ihren Pranken können Bären
gewaltige Hiebe austeilen.

Brillenbär

Malaienbär

Lippenbär

Kragenbär

Großer Panda

Der EISBÄR ist eines der größten Raubtiere auf der Erde. Er ist dreimal so schwer wie ein Löwe.

Eisbären fressen besonders gern Robben.
Sie schleichen sich an die Robben an oder lauern ihnen auf.
Wenn eine Robbe auftaucht, wird sie mit einem Hieb getötet.
Im Frühling fängt die Eisbärmutter viele Robben für ihre Jungen.

Im Winter gräbt sich die Eisbärin eine Höhle im Schnee.
Dort bringt sie ihre Jungen zur Welt.

Alles gelesen?
Dann weißt du die Antwort!

Der Eisbär ist dreimal so schwer wie

O eine Robbe. U ein Löwe. E ein Elefant.

Was fressen Eisbären besonders gern?

N Pflanzen L Honig M Robben

Was gräbt sich die Eisbärin im Schnee?

E einen Tunnel I eine Höhle Z ein tiefes Loch

Kleiner Eisbär, komm bald wieder!

Lars, der kleine Eisbär, sprang fröhlich ins Wasser.
Er wollte ein paar Fische fangen.
Aber o weh! Plötzlich wurde er selber gefangen!

Das Netz wurde in den Bauch eines Schiffes geleert.
Lars zappelte wie wild, bis er die Leiter hochklettern konnte.
Da schaute er zum Fenster hinaus.
Er sah nichts als Wasser. Kein Eis, keinen Schnee.

An Deck traf Lars die Schiffskatze Nemo.
„Kannst du mir helfen? Bitte! Ich will nach Hause",
sagte Lars verzweifelt.
„Erhol dich erst etwas, kleiner Eisbär. Ich werde
überlegen, wie ich dir helfen kann."

Am Abend sahen sie viele Lichter am Horizont.
„Da wohnen meine Freunde. Ich hoffe, sie können dir helfen“, sagte Nemo.
Kaum war das Schiff im Hafen, schlichen Lars und Nemo in die Stadt. Alles war still. (...)

In einem alten Schuppen fand die große Katzenversammlung statt. Nemo erzählte Lars’ Geschichte und Johnny meldete sich gleich: „Mein Schiff fährt zum Nordpol. Du kannst mit mir kommen, kleiner Eisbär.
Ich bringe dich nach Hause.“

Wieder war Lars auf einem Schiff und schaute sehnsüchtig auf das Meer hinaus. Endlich kamen die Eisberge in Sicht. „Johnny, schau!
Da bin ich zu Hause! Ade und vielen Dank!“, rief Lars.

Hans de Beer

Puuhs Buch von sonnigen Tagen

„Wie wäre es, wenn wir ein Buch über sonnige Tage machten?“, fragt Ferkel. „Ein Buch schreiben?“, erwidert Puuh ungläubig. „Nein, ein buntes Album mit Bildern, das uns an sonnige Tage erinnert“, erklärt Ferkel. „Ach *so* ein Buch!“, seufzt Puuh erleichtert. Zuerst holen sie buntes Papier, Stifte und Farben aus Puuhs Schrank. Dann nehmen sie Scheren, Klebstoff und schließlich eine Schnur, um alles zusammenzubinden.

Puuh locht das Papier für das Buch und Ferkel zieht ein Band durch, das er als Schleife zusammenbindet. Dann setzen sich die Freunde an den Tisch und malen Bilder von ihren schönsten Sonnentagen.

Bald ist ihr Buch fertig.
„Wir brauchen noch einen schönen Einband“, meint Ferkel. „Dann sieht es wie ein richtiges Buch aus.“
„Hiermit vielleicht?“, fragt Puuh und hält zwei Bogen Pappe in die Höhe.
„Ja, die sind schön, nur etwas zu groß“, antwortet Ferkel. „Ich werde sie auf die Größe unseres Buches schneiden.“

Dann locht Puuh auch diese beiden Bogen. Tiger bindet alle Blätter noch einmal zusammen. „Unser Album von sonnigen Tagen“, liest Ferkel laut vor.

Umis Abzählreime

Lirum, larum, Zwiebelkuchen,
Simon soll den Umi suchen.
Eierkuchen, Tintenfleck,
eins, zwei, drei –
und du bist weg!

Plitsche, platsche,
patsche,
ich stapfe durch die Matsche.
Nasse Füße, Schnupfen, Dreck,
ritz, ratz, rotz – und du bist weg!

KNISTER

Cuatro patas
tiene un gato:
una, dos,
tres, cuatro.

*(Vier Pfoten
hat eine Katze:
eins, zwei,
drei, vier.)*

Witz mit Fritz

„Hast du keine Ohren?", schimpft der Lehrer.
„Wie oft muss ich dir noch sagen, dass du nicht ständig mit den Beinen zappeln sollst!"
Brummelt Fritz: „Und wie soll ich bitte mit den Ohren zappeln?"

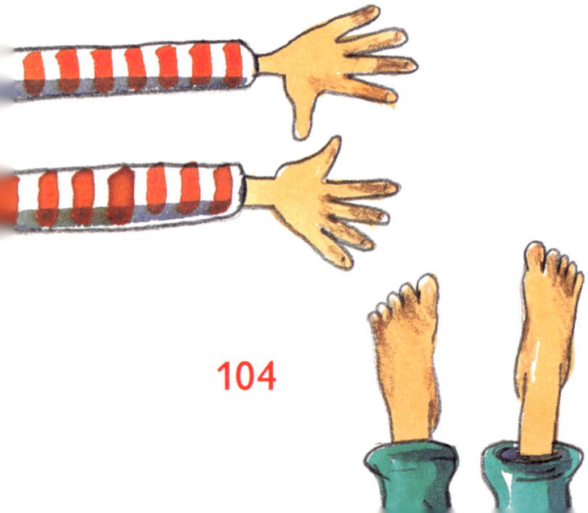

„Igitt! Fritz!", ruft die Lehrerin.
„Was hast du bloß für dreckige Hände?"
Fritz strahlt über das ganze Gesicht.
„Das ist noch gar nichts!
Da müssten Sie mal meine Füße sehen!"

Die Schaukel

Wie schön, sich zu wiegen,
die Luft zu durchfliegen
am blühenden Baum!
Mal vorwärts vorüber,
mal rückwärts hinüber –
es ist wie ein Traum!

Heinrich Seidel

RUTSCHLIED

Rutsche rutschen
runter flutschen
und danach ein
Bonbon lutschen –
Ich komme!

Erwin Grosche

Schnick – Schnack – Schnuck

ein Spiel für zwei Kinder

Bei diesem Spiel gibt es vier Zeichen.

Schere Stein Papier Brunnen

Ihr sagt laut: „Schnick, Schnack, Schnuck!“
Bei Schnuck macht jeder mit seiner Hand ein Zeichen.
Dann prüft ihr, welches Zeichen gewonnen hat.

Die Schere besiegt das Papier,
denn sie kann Papier schneiden.

Der Stein besiegt die Schere,
denn er kann die Schere schleifen.

Das Papier besiegt den Brunnen,
denn es kann den Brunnen abdecken.

Das Papier besiegt auch den Stein,
denn es kann den Stein einwickeln.

Der Brunnen besiegt die Schere und den Stein,
denn beide können in den Brunnen fallen.

Für jeden Sieg gibt es einen Punkt.
Wer die meisten Punkte hat, gewinnt.

Wann ist das? Sag!

Der Schnee wird weich,
es taut der Teich,
lang wird der Tag.
Wann ist das? Sag!

Die Sonne glüht,
die Linde blüht,
das Korn wird voll.
Wann ist das wohl?

Das Feld ist leer
und regenschwer,
die Erde nass.
Sag, wann ist das?

Die Felder weiß,
auf Flüssen Eis.
Es weht der Wind.
Wann ist das, Kind?

Sibylle Sailer

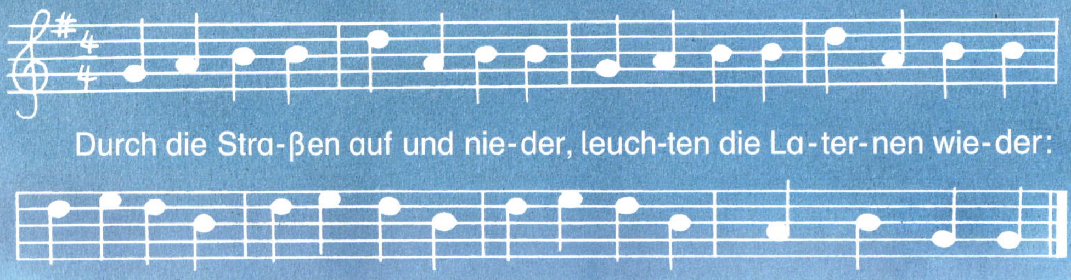

Umi mit Mimi,
Tina mit Nils,
Uta, Timo, Lisa, Tim.
Toll!

Sankt Martin teilte seinen Mantel
mit einem armen Mann.
Was können wir
mit anderen Menschen teilen?

So ein Duft!

Nimm eine  .

Nimm 

.

So wird es gemacht: 

Kleiner, grüner Kranz

Kleiner, grüner Kranz,
bring uns deinen Glanz.
Bring mit deinem Licht
Jung und Alt
und Groß und Klein
ein Lächeln ins Gesicht.

Kleiner, grüner Kranz,
bring uns deinen Glanz.
Mach die Herzen weit,
denn mit dir
warten wir
auf die Weihnachtszeit.

Brennt die erste Kerze dann,
fangen wir zu singen an:
„Komm in unser Haus,
lieber Nikolaus!“

Rolf Zuckowski

ZUM VORLESEN

Eine Weihnachtsgeschichte

Es war einmal ein Mann. Er besaß ein Haus, einen Ochsen, eine Kuh, einen Esel und eine Schafherde.
Der Junge, der die Schafe hütete, besaß einen kleinen Hund, einen Rock aus Wolle, einen Hirtenstab und eine Hirtenlampe.
Auf der Erde lag Schnee. Es war kalt und der Junge fror. Auch der Rock aus Wolle schützte ihn nicht.
„Kann ich mich in deinem Haus wärmen?“, bat der Junge den Mann.
„Ich kann die Wärme nicht teilen. Das Holz ist teuer“, sagte der Mann und ließ den Jungen in der Kälte stehen.
Da sah der Junge einen großen Stern am Himmel. Was ist das für ein Stern?, dachte er. Er nahm seinen Hirtenstab, seine Hirtenlampe und machte sich auf den Weg.
„Ohne den Jungen bleibe ich nicht hier“, sagte der kleine Hund und folgte seinen Spuren.
„Ohne den Hund bleiben wir nicht hier“, sagten die Schafe und folgten seinen Spuren.
„Ohne die Schafe bleibe ich nicht hier“, sagte der Esel und folgte ihren Spuren.
„Ohne den Esel bleibe ich nicht hier“, sagte die Kuh und folgte seinen Spuren.
„Ohne die Kuh bleibe ich nicht hier“, sagte der Ochse und folgte ihren Spuren.
Es ist auf einmal so still, dachte der Mann, der hinter seinem Ofen saß. Er rief nach dem Jungen, aber er bekam keine Antwort. Er ging in den Stall, aber der Stall war leer. Er schaute in den Hof hinaus, aber die Schafe waren nicht mehr da.
„Der Junge ist geflohen und hat alle meine Tiere gestohlen“, schrie der Mann, als er im Schnee die vielen Spuren entdeckte.
Doch kaum hatte der Mann die Verfolgung aufgenommen, fing es an zu schneien. Es schneite dicke Flocken. Sie deckten die Spuren zu. Dann erhob sich ein Sturm, kroch dem Mann unter die Kleider und biss ihn in die Haut. Bald wusste er nicht mehr, wohin er sich wenden sollte. Der Mann versank immer tiefer im Schnee.
„Ich kann nicht mehr!“, stöhnte er und rief um Hilfe. Da legte sich der Sturm. Es hörte auf zu schneien und der Mann sah einen großen Stern am Himmel. Was ist das für ein Stern?, dachte er.
Der Stern stand über einem Stall, mitten auf dem Feld. Durch ein kleines Fenster drang das Licht einer Hirtenlampe.
Der Mann ging darauf zu. Als er die Tür öffnete, fand er alle, die er gesucht hatte, die Schafe, den Esel, die Kuh, den Ochsen, den kleinen Hund und den Jungen.
Sie waren um eine Krippe versammelt. In der Krippe lag ein Kind. Es lächelte ihm entgegen, als ob es ihn erwartet hätte. „Ich bin gerettet“, sagte der Mann und kniete neben dem Jungen vor der Krippe nieder.
Am anderen Morgen kehrten der Mann, der Junge, die Schafe, der Esel, die Kuh, der Ochse und auch der kleine Hund wieder nach Hause zurück. Auf der Erde lag Schnee. Es war kalt.
„Komm ins Haus“, sagte der Mann zu dem Jungen, „ich habe Holz genug. Wir wollen die Wärme teilen.“

Max Bolliger

Zum Vorlesen

Das türkische Zuckerfest
scheker bayram

Bei moslemischen Familien aus der Türkei
gibt es keinen Weihnachtsbaum.
Es gibt jedoch ein anderes wichtiges Fest,
das Zuckerfest - *scheker bayram* genannt.

Das Zuckerfest wird zum Abschluss
des Fastenmonats gefeiert.
Während des Fastenmonats dürfen die Moslems
den ganzen Tag nichts essen oder trinken.
Erst nach Sonnenuntergang gibt es ein Abendessen.
Während des Fastenmonats sollen sich die Menschen
auf Gott besinnen und besonders gut
zu anderen Menschen sein.
Zum Abschluss des Fastenmonats
wird das Zuckerfest gefeiert. Es dauert drei Tage.

Das Fest heißt Zuckerfest,
weil viel Süßes gegessen wird.
Die Kinder bekommen viele Süßigkeiten geschenkt.

Der Schneemann auf der Straße

2. Er rührt sich nicht vom Flecke,
auch wenn es stürmt und schneit.
Stumm steht er an der Ecke
zur kalten Winterszeit.

3. Doch tropft es von den Dächern
im ersten Sonnenschein,
da fängt er an zu laufen
und niemand holt ihn ein.

Text: Robert Reinick
Melodie: Dorothée Kreusch-Jacob

Karneval des Harlekins

Joan Miró (1893–1983)

Der spanische Maler Joan Miró
hat dieses Bild gemalt.
Er nannte es Karneval des Harlekins.
Harlekine sind Spaßmacher.

Auf dem Bild sind viele bunte Tiere
und Gegenstände zu sehen.
Sie tanzen durch den Raum
oder fliegen durch die Luft.

Welche Tiere und Gegenstände
kannst du sehen oder erraten?

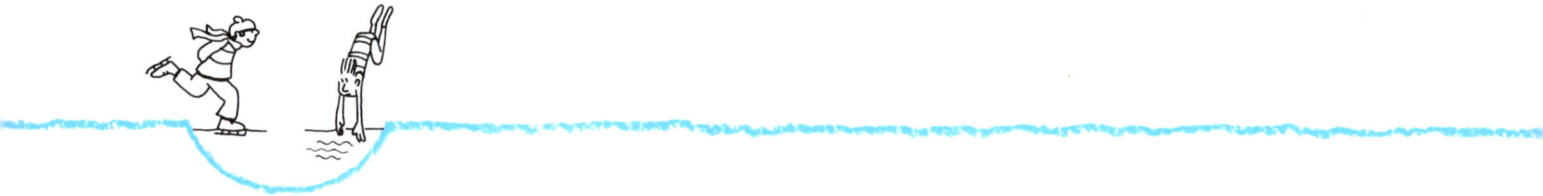

Frühling

In meinem Garten
ist über Nacht
der Frühling erwacht.

Man kann ihn schon sehen:
Schneeglöckchen stehen
in dichten Reihen.

Sie wecken die Vögel, die Wälder,
die Büsche, die Wiesen und Felder,
die ganze Welt
und dich
und mich.

Hilga Leitner

Der Hase Franz

Dieser Hase heißt Franz Meier.
Ostern malt er bunte . . .
Nachts, da schläft er tief und fest
in einem warmen Kuschelnest.
Mit den ersten S  nnenstrahlen
fängt Franz Meier an zu malen.
Eier,  und ,
manchmal hilft ihm seine Frau.
Spät am Abend legt Franz Meier
seine schönen bunten 
in ein Nest aus grünem Gras ,
das macht vielen Kindern Spaß.
Und findest du ein buntes ,
war sicher eins vom Franz dabei.

Sibylle Sailer

Für Mama und Papa …

Ich freue mich,
wenn ich dich seh,
ich finde dich so nett.
Ich schenke dir
mein **H** und **E**,
mein **R** und auch
mein **Z**.

Frantz Wittkamp

Große Liebe ist nicht klein.
Rostet nicht und geht nicht ein.
Wird nicht schlecht und wird nicht kalt.
Sondern hundert Jahre alt.

Frantz Wittkamp

Für Mama

Du, ich hab dich lieb.
Kommt einmal ein Dieb,
und der will dich klauen,
werd ich ihn verhauen!

Angela Sommer Bodenburg

Papa ist ein Supermann,
weil er einfach alles kann.
Ich hab dich lieb an allen Tagen,
das will ich dir heute sagen.
Daniel

Wörter für das ganze Jahr

Es gibt Federleichte Wörter:
Federbett ist so ein Wort.
In ein Federbett kannst du dich
Fest hineinkuscheln
und Friedlich ein Buch lesen.

Famose Wörter gibt es auch:
Ferien zum Beispiel.
Da kannst du Fahrrad fahren,
Fangen spielen,
Fährten finden
und Fische fangen.

Es gibt Fürchterliche Wörter:
wie Früh aufstehen,
Fieber und Faule Äpfel.

Und dann gibt es
Fantastische Wörter:
NachtFalter, Fundevogel, Fabeltier
oder Fliegen können.
Mit denen kannst du
auf Fantasiereise gehen.

Regina Schwarz

Inhalt

Im Anschluss an die rot gekennzeichneten Seiten des Leselehrgangs ist die Reihenfolge der gelb gekennzeichneten Seiten beliebig austauschbar.

Texte mit („bärenstarke Texte“) sind ein zusätzliches Leseangebot für Kinder, die sich bereits selbstständig Buchstaben angeeignet haben und „mehr Lesefutter“ brauchen. Diese Texte müssen nicht von allen Kindern erlesen werden. Gleiches gilt für blau gedruckte Sprechblasentexte und Beschriftungen innerhalb der Illustration.

Umis Lesereise

Die Welt der Buchstaben

Freunde und Familie

Wieso? Weshalb? Warum?

Allerlei Bären

Spiel und Spaß

Von Januar bis Dezember

Textquellen

S. 65 Ute Andresen: Drinnen. Aus: Ute Andresen, Monika Popp: ABC und alles auf der Welt. © 2002 Beltz Verlag, Weinheim und Basel; **S. 70/71 und S. 82** Originalbeiträge Martina Schramm; **S. 84** Inger Lindahl: Sigge und das Z. Aus: I.L.: Sigge mit Z. © Verlag Friedrich Oetinger, Hamburg 2001; **S. 85** Regina Schwarz: W8 auf! Aus: R.S.: Sprach-Spiel-Spaß von A-Z. © 2002 Velber im OZ Verlag GmbH, Freiburg; Regina Schwarz: Lückenbüßer/ Ein F ist allein. Aus: Hans-Joachim Gelberg (Hrsg.): Was für ein Glück. 9. Jahrbuch der Kinderliteratur. Beltz Verlag, Weinheim und Basel 1993; **S. 86** Sabine Jörg: Anna und Joko. Aus: S.J.: Hallo Joko! Hallo Anna! © Edition Benziger im Arena Verlag, Würzburg 1995; **S. 87** Sarah Bosse: Stoffel muss raus. Aus: Sarah Bosse/ Dorothea Tust: Kunterbunte Familiengeschichten. ars edition, München 1998; **S. 88** Anne Steinwart: Immer und immer Anna-Sofie! Aus: A.S.: Hannes lässt die Fetzen fliegen. © Edition Bücherbär im Arena Verlag, Würzburg 1993; **S. 89** Christine Nöstlinger: Womit der Franz unzufrieden ist. Aus: C.N.: Fernsehgeschichten vom Franz. © Verlag Friedrich Oetinger, Hamburg 1994; **S. 90/91** Katharina Berg: Schmutzfinken. Aus: Katharina Berg: Philipp und der neue Papa. © Edition Benziger im Arena Verlag, Würzburg 1996; **S. 92** Text: Irmela Brender. Melodie: Dorothée Kreusch-Jakob. Aus: Dorothée Kreusch-Jakob: Hol dir ein Gelb aus der Sonne. © 2003 Patmos Verlag GmbH & Co. KG, Düsseldorf; **S. 94** Aus: Wie kommen die Streifen in die Zahnpasta? Verblüffende Antworten aus dem Alltag. © 2002 Velber im OZ Verlag GmbH, Freiburg; Erwin Grosche: Die Seife. Aus: E.G.: Der Badewannenkapitän. © 2002 dtv, München; **S. 96** Jörg Meier: Ein klarer Fall für Laura Lupe. Aus: J.M.: Kleine Detektivgeschichten. © 1998 ars Edition, München. **S. 97** Anne Steinwart: Bärentreu. © Anne Steinwart; Frantz Wittkamp: Die Leute mögen Bären leiden. © Frantz Wittkamp; **S. 100/101** Hans de Beer: Kleiner Eisbär, komm bald wieder! Aus: H.d.B.: Kleiner Eisbär, komm bald wieder! © 2000 Nord-Süd Verlag AG, Gossau/ Zürich, Schweiz; **S. 102/103** Disney: Puuhs Buch von sonnigen Tagen. Aus: Disney: Winnie Puuhs Freundschafts-Geschichten. © 2002 Disney Enterprises, Inc., basierend auf den „Winnie the Pooh"-Werken © A.A. Milne und E. H. Shepard. **S. 104** KNISTER: Plitsche, platsche, patsche, ... © KNISTER; **S. 105** Heinrich Seidel: Die Schaukel (gekürzt). Aus: H.S.: Gedichte. Stuttgart 1903; Erwin Grosche: Rutschlied. Aus: E.G.: Der Badewannenkapitän. © 2002 dtv, München; **S. 107** Sibylle Sailer: Wann ist das? Sag! Aus: Sabine Lohf, Sibylle Sailer: Mein Kindergartenjahr. © Ravensburger Buchverlag 1996; **S. 108** Durch die Straßen auf und nieder ... Text: Lieselotte Holzmeister. Melodie: Richard Rudolf Klein. © Fidula Verlag, Boppard/Rhein und Salzburg; **S. 109** Rolf Zuckowski: Kleiner, grüner Kranz. Aus: R.Z.: Dezemberträume. Edition Sikorski 1128, © Sikorski Musikverlage, Hamburg 2001; **S. 110** Max Bolliger: Eine Weihnachtsgeschichte. Aus: M.B.: Eine Wintergeschichte. © 1993 Nord-Süd Verlag AG, Gossau/Zürich, Schweiz; **S. 112** Der Schneemann auf der Straße. Text: Robert Reinick. Melodie: Dorothée Kreusch-Jakob. Aus: Das Ravensburger Buch der Advents- und Weihnachtsgeschichten. © 1996 Ravensburger Buchverlag; **S. 114** Hilga Leitner: Frühling. Aus: Teddy 3. Schreiber Verlag, Esslingen 1973; **S. 115** Sibylle Sailer: Der Hase Franz. Aus: Sabine Lohf, Sibylle Sailer: Mein Kindergartenjahr. © 1996 Ravensburger Buchverlag; **S. 116** Frantz Wittkamp: Ich freue mich/ Große Liebe. © Frantz Wittkamp; Angela Sommer-Bodenburg: Du, ich hab dich lieb. © Angela Sommer-Bodenburg; **S. 117** Regina Schwarz: Wörter für das ganze Jahr. Aus: R.S.: Sprach-Spiel-Spaß von A-Z. © 2002 Velber im OZ Verlag GmbH, Freiburg.

Bildquellen

S. 8 Buchcoverabbildungen aus: Weinhold: WIESO? WESHALB? WARUM? BEI DEN INDIANERN. © 2002 by Ravensburger Buchverlag Otto Maier GmbH, Ravensburg; Michael Rosen, Helen Oxenbury: Wir gehen auf Bärenjagd. © Verlag Sauerländer, Aarau, Frankfurt am Main und Salzburg 1998; **S. 16** Fotos: Ocke Coldewey, Kiel; **S. 25** Buchcoverabbildungen aus: Hans Limmer, Lennart Osbeck: Mein Esel Benjamin. © 2002 Patmos Verlag GmbH & Co. KG, Düsseldorf; David McKee: ELMAR UND DER TEDDYBÄR. © 1999 by Thienemann Verlag (Thienemann Verlag GmbH), Stuttgart – Wien; Erich Kästner: Emil und die Detektive. © Atrium Verlag, Zürich 1935. **S. 28** o.l. und m.r.: WILDLIFE/ Harpe, Hamburg; m.l.: WILDLIFE/ J. Freund, Hamburg; u.r.: WILDLIFE/ B. Cole, Hamburg; **S. 29** Fotos: WILDLIFE/D. J. Cox, Hamburg; Buchcoverabbildung aus: Pascale Bourgoing: Das Ei. © 1991 Bibliographisches Institut & F. A. Brockhaus AG, Mannheim; **S. 40/41** © I. Schmitt-Menzel / Friedrich Streich / WWF Lizenzhaus Köln GmbH; Die Sendung mit der Maus © WDR; Lizenzagentur: BAVARIA SONOR, 82031 Geiselgasteig; **S. 42/43** Fotos: Ocke Coldewey, Kiel; **S. 44/45** Fotos: Ocke Coldewey, Kiel; **S. 46** Foto: Zefa/ creasource/ Creasource Ltd, Hamburg; Buchcoverabbildungen aus: Entdecke die Welt: FASZINIERENDE TIERE. © Der Originalausgabe: Editions Gallimard. © 2002 by Ravensburger Buchverlag Otto Maier GmbH, Ravensburg; ABC-Geschichten von Ulli Schubert. © 2001 by Loewe Verlag, Bindlach; Wie kommen die Streifen in die Zahnpasta? Verblüffende Antworten aus dem Alltag. © 2002 Velber im OZ Verlag GmbH, Freiburg; **S. 47** Foto: Voller Ernst/ Gerd Pfeiffer, Berlin; **S. 50** Foto: picture-alliance/ dpa-Bildarchiv, Berlin; **S. 62** Foto: picture-alliance/ akg-images, Berlin; **S. 63** Foto: Martin Kraft, Alfter; **S. 68** Buchcoverabbildung: Der Löwe und die Maus. Fabeln von Äsop. Nacherzählt von Doris Orgel, illustriert von Bert Kitchen. Verlag Dorling Kindersley, München; **S. 69** Foto: Mauritius / Pigneter, Berlin; **S. 76** Abbildungen Janosch © 2003 Janosch film und medien AG, Berlin; **S. 82** Foto: picture-alliance/ dpa-Bilderdienste, Berlin; **S. 83** Fotos aus: Martine und Caroline Laffon: Kinder in den Kulturen der Welt. © 2003 Gerstenberg Verlag, Hildesheim; o.l.: Robert van der Hilst; o.r.: Webistan/ Reza; u.: M. Renaudeau; **S. 86** Illustrationen von Hildegard Müller aus: Sabine Jörg: Hallo Joko! Hallo Anna! © 1995 by Edition Benziger im Arena Verlag GmbH, Würzburg; **S. 87** Illustrationen von Dorothea Tust aus: Sarah Bosse: Kunterbunte Familiengeschichten. © ars Edition, München 1998; **S. 88** Illustrationen von Silke Brix Henker aus: Anne Steinwart: Hannes lässt die Fetzen fliegen. © 1993 by Edition Bücherbär im Arena Verlag GmbH, Würzburg; **S. 89** Illustrationen von Erhard Dietl aus: Christine Nöstlinger: Fernsehgeschichten vom Franz. Verlag Friedrich Oetinger, Hamburg 1994; **S. 90/91** Illustrationen von Daniele Winterhager aus: Katharina Berg: Philipp und der neue Papa. © 1996 by Edition Bücherbär im Arena Verlag GmbH, Würzburg; **S. 94** Foto: blickwinkel/ F. Hecker, Witten; **S. 95** Foto: Dagmar Binder; **S. 98** Illustrationen aus: Entdecke die Welt: FASZINIERENDE TIERE. © der Originalausgaben: Editions Gallimard. © 2002 by Ravensburger Buchverlag Otto Maier GmbH, Ravensburg; **S. 100/101** Illustrationen von Hans de Beer aus: Hans de Beer: Kleiner Eisbär, komm bald wieder! © 1988 Nord-Süd Verlag AG, Gossau/Zürich, Schweiz; **S. 102/103** © Disney Enterprises, Inc., basierend auf den „Winnie the Pooh"-Werken © A.A. Milne und E. H. Shepard; **S. 111** Foto: Murat Türemis, Köln; **S. 113** akg-images/Nimatallah, Berlin/ © Successió Miró/ VG Bild-Kunst, Bonn 2003; **S. 115** Illustration von Sabine Lohf aus: Sabine Lohf, Sibylle Sailer: Mein Kindergartenjahr. © 1996 by Ravensburger Buchverlag Otto Maier GmbH, Ravensburg; **S. 117** Illustrationen von Antje Bohnstedt aus: Regina Schwarz, Antje Bohnstedt: Sprach-Spiel-Spaß von A bis Z. © 2002 Velber im OZ Verlag GmbH, Freiburg.

Die Umi-Fibel

Erarbeitet von
Martina Schramm
Ruth Thiele
Ursula Ricke

Beratung
Ellen Riederer-Hecht
Silke Thiel
Sylvia Zimmermann-Budniak

Redaktion
Martina Schramm, *Kaarst*

Illustration
Dorothea Tust
Annette von Bodecker-Büttner
(S. 84, 85, 92–94, 107, 114)

Layout und Realisierung
Linde de Maizière

Cornelsen online

http://www.cornelsen.de

1. Auflage Druck 4 3 2 1 Jahr 07 06 05 04

Reproduktion: Licht & Tiefe, Berlin
Druck: CS-Druck CornelsenStürtz, Berlin

ISBN 3-464-80100-4

Bestellnummer 801004

Inhalt gedruckt auf säurefreiem Papier,
umweltschonend hergestellt
aus chlorfrei gebleichten Faserstoffen.

A a

B b

C c

D d

H h

I i

J j

K k

O o

P p

Qu qu

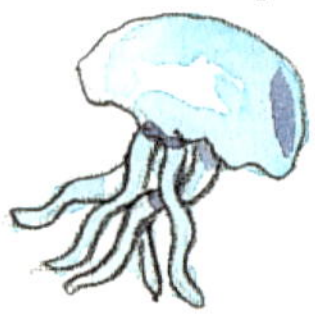

R r

V v

W w

X x

Y y

Au au

Ch ch

Sch sch

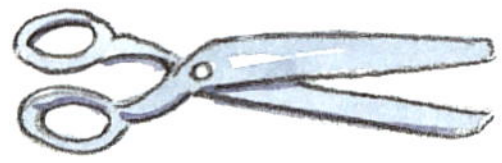

Ü ü

St st

Ö ö

Sp sp

Äu äu

Alphabetische Lauttabelle